कविता कानन

कविता संग्रह

डॉ. रंजना वर्मा

pencil

ISBN 978-93-5458-845-7

© Dr. Ranjana Verma 2021

Published in India 2021 by Pencil

A brand of

One Point Six Technologies Pvt. Ltd.

123, Building J2, Shram Seva Premises,

Wadala Truck Terminal, Wadala (E)

Mumbai 400037, Maharashtra, INDIA

E connect@thepencilapp.com

W www.thepencilapp.com

Author biography

कवियित्री का परिचय

नाम -

डॉ. रंजना वर्मा

जन्म -

15 जनवरी 1952, जौनपुर (उ0 प्र0) में ।

शिक्षा-

एम. ए. (संस्कृत, प्राचीन इतिहास) पी0 एच0 डी0 (संस्कृत)

लेखन एवम् प्रकाशन -

वर्ष 1967 से देश की लब्ध प्रतिष्ठ पत्र पत्रिकाओं में, हिन्दी की लगभग सभी विधाओं में । कुछ रचनाएँ उर्दू में भी प्रकाशित ।

प्रकाशित कृतियाँ -

सावन, समर्पिता, कैकेयी का मनस्ताप, वैदेही व्यथा, संविधान निर्माता, द्रुपद - सुता, सुदामा (सभी खण्ड काव्य), चन्द्रमा की गोद में (बाल उपन्यास), समृद्धि का रहस्य , जादुई पहाड़, मङ्गला, पोंगा पण्डित (सभी बाल कथा संग्रह), मुस्कान (बाल गीत संग्रह), फुलवारी (शिशु गीत संग्रह) । जज़्बात, ख्वाहिशें , एहसास, प्यास, रंगे उल्फ़त, गुंचा, रौशनी के दिए, खुशबू रातरानी की, ख़्वाब अनछुए, शाम सुहानी, यादों के दीप, मंदाकिनी, आस किरन, बूँद बूँद आँसू (सभी ग़ज़ल संग्रह) । गीतिका गुंजन, सरगम साँसों की, रजनीगन्धा, भावांजलि (गीतिका संग्रह), सत्यनारायण कथा (पद्यानुवाद) । मुक्तक मुक्ता, मुक्ताञ्जलि, मन के मनके (सभी मुक्तक संग्रह)। दोहा सप्तशती । एक

हवेली नौ अफ़साने, रास्ते प्यार के, अमला, पायल (उपन्यास)। सूर्यास्त (कहानी संग्रह)। साईं गाथा (महाकाव्य), गीत गुंजन, गीत धारा, मीत गीत के, आ जा मेरे मीत (सभी गीत संग्रह)। बसन्त के फूल (कुण्डलिया संग्रह)। चुटकी भर रंग, जुगनू (दोनों हाइकु संग्रह)। चंदन वन (तांका संग्रह), इंद्रधनुष (चोका संग्रह), मेहंदी

के बूटे (सेदोका संग्रह), नयी डगर (वर्ण पिरामिड संग्रह)।

लौट आओ रुद्र उपन्यास का पूर्वार्द्ध प्रेस में ।

सम्पादन -

मन के मोती, मकरंद, सौरभ, मौन मुखरित हो गया (चारो कविता संग्रह), अँजुरी भर गीत (गीत संग्रह), शेष अशेष (स्मृति ग्रन्थ), हास्य प्रवाह (हास्य व्यंग्य कविताओं का संग्रह) , थूकने का रहस्य , करामाती सुपारी (दोनों हास्य व्यंग्य संग्रह)।

प्रसारण -

गीत , वार्ता , तथा कहानियों का आकाशवाणी, फैज़ाबाद से समय समय पर प्रसारण ।

सम्मान -

श्रीमती राजकिशोरी मिश्र सम्मान, श्रीमती सुभद्रा कुमारी चौहान स्मृति सम्मान, काव्यालंकार मानद उपाधि, छन्द श्री सम्मान, कुंडलिनी गौरव सम्मान, ग़ज़ल सम्राट सम्मान, श्रेष्ठ रचनाकार सम्मान, मुक्तक गौरव सम्मान, दोहा शिरोमणि सम्मान, सिंहावलोकनी मुक्तक भूषण सम्मान, दोहा मणि सम्मान।

सम्प्रति -

सेवा निवृत्त प्रधानाचार्या(रा0 बा0 इ0 कालेज जलालपुर, जिला अम्बेडकरनगर उ0 प्र0) से ।

सम्पर्क सूत्र - ranjana.vermadr@gmail.com

CONTENTS

हाथ

आज
उग आया है
मेरे आँगन के
गमले में
एक हाथ ।
मैं इसे
रोज़ सींचती हूँ
अपने प्यार से
अपनी ममता से
जिस से
यह बढ़े
आगे
और आगे.
उन्नति की
सीढ़ियाँ चढ़े
ऊपर
और ऊपर.
परन्तु
बहुत प्रयत्न
करने पर भी
नहीं पढ़ पाती मैं

इस पर लिखी
लकीरों को ।

नारी

नारी का भाग्य

केवल जलना

झुलसना

आग की लपटों में

कभी दहेज की आग

कभी

मानसिक उत्पीड़न की

तो कभी

शारीरिक अत्याचारों की

कितने प्रतिबंध

कितनी रोक टोक

चिपटी हुई

सामाजिक मान्यताएँ

प्रताड़नाओं की जोंक

तीन शब्द

तलाक तलाक तलाक

और समाप्त रिश्ता

जीवन भर का ।

दहेज कम मिला

मार दिया ।

मन को न भायी

जला दिया ।
यही है उपलब्धि
सम्पूर्ण समर्पण की
सेवा सत्कार की ।
कब मुक्त होगा
नारी का तन मन ?
कब टूटेंगी
यह वर्जनाओं की
श्रृंखला ?
आखिर कब ?

दोस्ती

दोस्ती
गर्हित और
सराहनीय
त्याज्य व
स्वीकार योग्य
दोस्ती
पाक और चीन जैसों की
मुंह मे भाई
अंदर से कसाई
भाई कह कर
गले मिलते
और पीठ में
छुरा भोंकने में भी
गुरेज़ न करते ।
दोस्ती करो
कृष्ण सुदामा सी
जहाँ छोटे पड़ जाते हैं
छोटे बड़े
अमीरी गरीबी
के सारे बन्धन
शेष रहता है

निस्वार्थ प्रेम ।
अनुकरणीय मित्रता
कृष्ण द्रौपदी की
जो साथ निभाये
हर दुख सुख में
काम आये
आपात्काल में ।
त्याग दो
ऐसी मित्रता
जो खड़ी हो
स्वार्थ की नींव पर
जिसमे धोखा हो
विश्वासघात हो
दुख हो
विनाश की सौगात हो ।
सावधान
ऐसे कपट मित्रों से ।

ईर्ष्या

जलन ही
स्वभाव है
इस ईर्ष्या का ।
जला देती है उसे
जिस के प्रति
की जाये
और उसे भी
जिसके मन मे जन्म ले ।
इसीलिये
दूरी बनाये रखिये
इस जनम जली
करम जली से
अन्यथा
तिल तिल कर
जला डालेगी
दूभर कर देगी जीवन
कलुषित स्वभाव के
कारण ।

जिजीविषा

कहता तरुवर
काट दिया शीश को
शाखा रूपी भुजाओं को
किन्तु
मिटा नहीं सके
मेरे अंदर पनपती
जिजीविषा को
फूट पड़ी वह
स्वयं सत्वर
कोपलों का रूप धर कर
देख रही है
अनन्त आकाश को
वही है
उसका लक्ष्य
फिर बनूँगा मैं
सघन , विशाल वृक्ष ।
आयेंगे अनेक पक्षी
गूँजेगा कलरव
बनेंगे नये नये घोंसले
जन्मेंगी पीढ़ियाँ
उड़ेंगे पंछी

अपने पंख पसार
अनन्त आकाश की ओर ...

ज़िन्दगी की राह

सायकिल के
दो पहिये
सन्तुलित
मजबूत
सहायक
एक दूसरे के ...
पथ दर्शक
पथ प्रवर्तक ।
एक पहिया भी
डगमगा जाये
बिगड़ जाये बैलेंस ।
थोड़ी दूर चलना भी
हो मुश्किल ।
रहे साथ
रहे संतुलन
तो लम्बी
राहें भी हों
बेहद आसान ।
जैसे दो हमसफ़र
पति और पत्नी
एक दूसरे के

सहायक , पूरक
गाड़ी के
दो पहियों जैसे
सन्तुलित
सहयोगी
तो जीवन पथ सुगम
सहज , सरस ।
एक भी यदि
डगमगा जाये
साथ छोड़ दे
तो पहुँचना कठिन
मंजिल तक..
एकाकी
तनहा , नीरस
जंग करता
जीवन से
डगमगाता
लड़खड़ाता
उठता , गिरता
अकेला
विवश.....

माँ

माँ तो
केवल माँ होती है ।
कर्म उसके
अकथनीय
उसके गुण
अवर्णनीय ..
एक एहसास है माँ
महसूस करो
आत्मा की गहराइयों में
एक पूजा है माँ
अदेखे ईश्वर का
अनुपम रूप ।
मैंने नहीं देखा
ईश्वर को
पर माँ को देखा है
महसूस की है
उसके आँचल की
सुरक्षा
पायी है सदैव
उसकी रक्षा ।
वो मुकरती नहीं वादे से

डगमगाती नही
अपने इरादे से
क्योंकि वह माँ है
केवल माँ ।

डायरी और मैं

हर गुजरता पल
डायरी में हूँ सँजोती
छिपा रखे हैं इस मे
यादों के अनमोल मोती ।
जब भी होता है
मन बेचैन
पलट लेती हूँ
इस के पन्नों को
जी लेती हूँ फिर से
उन गुजरे हुए
सुख दुख के पलों को
जगा लेती हूँ
मन के किसी कोने में
एक उम्मीद
कभी तो मिलेगी
मेरे सपनों को दीद
घेर लेती है मुझे
डायरी में रची बसी
यादों की खुशबू
और डूब जाती हूँ मैं
आनन्द के अमृत में

आकण्ठ ....

22

आकण्ठ ....

सुनो गुरमेहर

सुनो गुरमेहर
कारगिल के युद्ध में
हिमालय की
चोटियाँ आपस में
नहीं लड़ी थीं
न ही सैनिकों की
रायफलों ने
युद्ध किया था ।
वह युद्ध
पाकिस्तान के किये
आक्रमण का
जवाब था ।
जिसने तुम्हारे
पिता को शहीद किया
उन गोलियों को
चलानेवाले हाथ
पाकिस्तानी थे ।
इस प्रकार
अपने पिता के
हत्यारों को
दोषमुक्त कर के

मत करो उनकी
शहादत का अपमान ।
जब तुम पाकिस्तान के
स्वतंत्रता दिवस पर
देती हो शुभकामना
और
भूल जाती हो
अपने देश की
आजादी का दिन
तब
तुम्हारे पिता की
पवित्र आत्मा
खून के आंसू रोती होगी
लज्जित होती होगी
तुम्हारी माँ
तुम्हारे विचारों को सुनकर ।

सुनो गुरमेहर
कैसे भूल गयी तुम
कि
जिस अन्न जल को
खा पी कर
तुम जवान हुई हो
जिस हवा में साँस लेकर

जिन्दा हो
वह भारत की ही है ।
क्या तुम चाहती हो
कि हम
ईश्वर को धन्यवाद दें
कि हमने
नहीं जन्म दिया
किसी ऐसी सन्तान को
जो अपने देश के
विरुद्ध बातें करे ?

सुनो गुरमेहर
अब बच्ची नहीं हो तुम
जो देश के नेतृत्व को
चुनने का अधिकार रखता है
वह खुद मुख़्तार होता है
बदलो अपनी
निकृष्ट सोच को
या फिर
जा कर वहीं रहो
जिस की हमदर्दी ने
भुला दिया है तुम्हे
कि तुम
एक शहीद की

बेटी हो
हिंदुस्तानी हो ।

जननी

प्राणान्तक वेदना
सह कर
जन्म देती हुई
नन्हे शिशु को
अपना रक्त पिला कर
पालती हुई माँ
बच्चे की
एक पुकार पर
दौड़ती हुई
सन्तान को
पढ़ाती हुई
स्वयं भूखी रहकर भी
शिशु को
खिलाती हुई
उसके घावों पर
मरहम लगाती हुई
उसे भर पेट खिला कर
खुद घूँट भर
पानी पी कर
बर्तन समेटती हुई ।

उसके
सुखद भविष्य के
सपने
सहेजती हुई
अपने अभावों की
उपेक्षा करती हुई
अपनी पीड़ा को
छिपा कर
मुस्कुराती हुई
पुत्र के सेहरे की
लड़ियाँ
सजाती हुई
बेटी को डोली में
विदा करती हुई
पुत्र के प्रवास पर
अपना दुख भुला
आशीष लुटाती हुई
घर के
कोने कोने को
जगाती हुई
अपने कोमल
एहसास से ।
और अंत मे
झुर्रियो भरे
चेहरे पर

अनुभव की
लकीरें लिये
द्वार की ओर
टकटकी लगाये
प्रतीक्षा करती हुई
प्रवासी पुत्र के
आगमन की ।

कितने रूप हैं
माँ के ।
संतोष की
साकार मूर्ति
प्रतिदान की
अपेक्षा किये बिना
सर्वस्व
लुटा देने वाली माँ
तुम्हारी कोई
समता नहीं
तुम्हारे जैसी
किसी मे भी
ममता नहीं
क्योंकि
तुम माँ हो
केवल माँ
जननी

यही है
तुम्हारा परिचय ।

पर्दा

पर्दा
प्रतीक है
बन्धन का
पांव में बंधी
जंजीर का
जो रोकती है
आगे बढ़ने से ।
यदि यह उचित है
जरूरी है
या मजबूरी है
तो
स्त्रियों के लिये ही क्यों ?
उठो बहनों
हटा दो पर्दा
तोड़ दो
प्रतिबंधों की जंजीर
रखो
नयी नजीर
आँखें खोलो
देखो
नजर उठा कर

सारा जमाना

स्वागत करेगा तुम्हारा

जगाओ

अपना

आत्म विश्वास

बाहों में भर लो

अनन्त आकाश ....

किसान

किसान
चाहता स्नेह और
सम्मान ।
अन्नदाता
सब के लिये
अन्न उपजाता
अक्सर
खुद
भूखा रह जाता
घर मे
अभाव का साम्राज्य
पीठ पर
अनचुके कर्ज का
दुर्वह बोझ
जीवन कठिन
दिन दिन
होता दूभर
चुनाव में
बनता वोट बैंक
सुनता वादे
कभी

न पूरे होने वाले
इरादे
जवान होती बेटी
नौकरी को
तरसते बेटे
मुट्ठी भर अन्न
खाने वाले
कई मुँह
बेबसी
जीते जी मारती
पीर सही नहीं जाती
होता निराश
करता आत्मघात ।
कोई नहीं समझता
उसकी
विवशता को
असहनीय
दर्द को
सिवाय
विधाता के ॥

स्वर्ग

पर्वत श्रृंखलाएं

निहार रहीं

अपना प्रतिबिम्ब

झील का दर्पण

हुआ सुवासित

पा कर

हरियाली का स्पर्श

किनारे बंधी

नौका

दे रही आमंत्रण

जल विहार का ।

आओ

प्रकृति से

मनुहार करें

इस

अनुपम सौंदर्य को

आत्मसात करें ।

यही है स्वर्ग

यहीं है मुक्ति

निसर्ग की गोद मे ।

एक बूँद

बादल की
गोद छोड़
चली धरा की ओर ।
अनजान पथ
हुई व्याकुल
और श्लथ ।
अज्ञात भविष्य
अनन्त आशंकाएं
करने लगी
बारंबार
अपने कृत्य पर
पुनर्विचार ।
फिर सोचा
अब जो भी हो
जैसा भी हो
करना होगा
सामना
हर परिस्थिति का
और तभी
बहने लगी
शीतल हवा

उड़ा ले गया
हवा का झोंका
उसे
फूलों की वादियों में
रख दिया
सँभाल कर
गुलाब की
पंखुरी पर
झलमलाने लगा
उस का रूप
झलक पायी
मोतियों की
मुस्कुराने लगी
वो नन्ही सी बूँद ।

दिवाकर

दिवाकर !
अजब है तू
और तेरा प्यार ।
सुबह
उषा के साथ
जागता है
भोर के संग
खेलता है
और फिर
सारे दिन
हजारों
किरणों के साथ
मनाता है
रंगरेलियाँ
या फिर
घन बालाओं के साथ
करता है
अटखेलियाँ ।
दिन ढलते ही
चल पड़ता है
पश्चिम की ओर

थाम कर
सन्ध्या सुंदरी का हाथ
और फिर
गर्क हो जाता है
सांवरी निशा की
बाहों में ।
ये कैसा है
तेरा प्रीति भण्डार
जो लुटाता रहता
उन्मुक्त हो कर
सभी पर
फिर भी
नहीं होता रिक्त .....

दो हृदय

प्यार पगे
दो हृदय
उड़ चले
गगन की ओर
हो कर उन्मुक्त
सबसे वियुक्त
बांध कर
सतरंगी
कामनाओं के
ढेरों गुब्बारे
छू लेंगे मानो
अनन्त के छोर ।
ये कामनाएं
असीम भावनाएँ
ले जायेंगी इन्हें
न जाने किस ओर ।
मिलेगा इन्हें
कोई सुन्दर,
सुभग उपवन
सुनहरा भविष्य
या फिर

जलते अंगारे
उफनती नदी
या
शुष्क रेगिस्तान ।
छिपा है
सब कुछ
भविष्य के गर्भ में ।
नहीं है
कोई चिंता
सामने है
केवल वर्तमान
दो दिल
और
सतरंगी स्वप्नों के
ढेर सारे
रंगीन गुब्बारे ।
बचना
कहीं फूट न जायें.....

तिरंगा

नन्हे हाथों से
थाम कर
राष्ट्रध्वज
कह रही
नन्ही बिटिया
कम न समझना
हमें
उन बेटों से
जो
बलिदान हो रहे हैं
देश की रक्षा में
दे रहे हैं
अपने प्राण
हँसते हुए
जाते हैं
घर से
और लौटते हैं
तिरंगे में
लिपट कर ।
हमें भी प्यारा है
देश का सम्मान

उसकी आन

देने को तत्पर हैं

अपनी जान

इसीलिए

हाथ मे है

तिरंगा

हमारा निशान

हमारी जान

हमारा सम्मान ....

पन्ने

डायरी खोलते ही
फड़फड़ाने लगते हैं
पन्ने
चिड़िया के
मासूम बच्चों की तरह
जो उड़ने के लिये
तोल रहे हैं
अपने पर ।
पन्ने
जो स्वयं में
समेटे हुए हैं
एक
सम्पूर्ण इतिहास
समाहित हैं
जिन में
बचपन की
मासूम यादें
कैशोर्य की
मधुर कल्पनायें
यौवन के
मीठे सपने

और
अनुभवों की
चेहरे पर पड़ीं
असंख्य
सिलवटें ।
मेरे न रहने पर भी
जब कभी
कोई खोलेगा डायरी
यूँ ही फड़फड़ाएंगे
ये पन्ने
चिड़िया के
बच्चों की तरह
किन्तु
उड़ने नहीं देगी
वह इन्हें
तब तक
जब तक कि
परिपक्व
न हो जाये
उनकी उड़ान ......

श्रृंगार

दरपन के सामने
बैठी सुंदरी
कर रही
सोलह श्रृंगार
पिया के लिये ।
बोला आईना -
खूब करो श्रृंगार
पर केवल
दूसरों के लिये ही नहीं
अपने लिये भी ।
रहो सदा प्रसन्न
मन सन्तुष्ट
तभी खिलेगा
अनुपम रूप ।
बाह्य आडम्बर
श्रृंगार प्रसाधन
क्षण भर के लिये
छिपा देते हैं
अवसाद
मन तथा
तन का

मत करो दिखावा

खुल कर जियो

अपने लिये

आनन्द के लिये

अपनी आत्मा के

तभी होगी

तुम्हारे

रूप के

श्रृंगार की

सार्थकता ... ।

☒

बेटियाँ

48

लोग कहते हैं

पढ़ेंगी बेटियाँ

तो बढ़ेंगी बेटियाँ

लेकिन यह तो

तभी होगा

जब

जन्मेंगी बेटियाँ

जियेंगी बेटियाँ

और यह

तभी सम्भव होगा

जब हम जागेंगे

जब हम

बेटी की कीमत

समझेंगे

उसे

उसका स्थान देंगे

सम्मान देंगे

और देंगे

आगे बढ़ने के लिये

अवसर

जगायेंगे उसका

आत्मसम्मान

स्वाभिमान

आगे बढ़ने की चाह ।

देंगे उसे

खुला हुआ

रौशनदान

विस्तृत आसमान

जिस से

उड़ सके वह

पंख पसार

अपनी

इच्छानुसार

पा कर विस्तार ......

नन्हीं बच्ची

नन्हीं बच्ची
माँ दुर्गा का रूप
सहारा माँगती
माता पिता का
रखो खयाल
करो सँभाल
बनेंगी माताएँ
जन्म देंगी
राम कृष्ण
गौतम
गांधी को
जो रोकेंगे
अनाचार की
बढ़ती आँधी को ।
सँभालो इन्हें
माँ समझ कर ।
जन्मदात्री हैं
जगत की ।
☒

माँ दुर्गा की प्रतिकृतियाँ

ठहर आततायी,
मत समझ
हमें असहाय
दुर्बल
सहज प्राप्य ।
हम भण्डार हैं
शक्ति की
माँ दुर्गा की
प्रतिकृतियाँ ।
काट देंगी
अपनी ओर
उठने वाले
कलुषित हाथों को
मिटा देंगी
अस्तित्व
अनाचारियों का ।
हम हैं
कुसुम कोमल
स्नेह की देवी
ममता की मूर्ति
दया की प्रतिमा

किन्तु
आपद काल में
करवाल सी कराल
मृत्यु स्वरूपिणी ।
कर देंगी विनाश
दुराचारियों का
अपनी अनेक
भुजाओं से ।

रावण और हम

हम ही बनाते हैं
पूरे वर्ष
रावण को
अपने दब्बू
और तटस्थ
व्यवहार से .
अनदेखा
करते हैं
उसके
दुर्व्यवहार को
भुला देते हैं
उसके द्वारा
किये गये
अनाचार को .
बढ़ावा देते हैं
उसकी लोलुप
प्रवृत्ति को
और फिर
एक दिन
जला देते हैं
उसके पुतले को.

भूल जाते हैं
की इस तरह
रावण नहीं मरता ..
अमर कर दिया है
उसे
हमने ही
अपनी कायरता से
और अब
कर रहे हैं इंतज़ार
किसी राम का .
जरा सोचिये
क्या हम
नहीं बन सकते
राम ?

खिड़की

खिड़की
मेरे कमरे की
खुलती है
पूर्व की ओर
जहाँ बहती है
मंथर गति से
मीठी नदी
कलकल
करती हुई
भरती है मन मे
अद्भुत शीतलता ।
खिड़की
जिससे
दिखता है
दूर तक फैला
अनन्त आकाश
दूर पर फैले खेत
हवा के झोंकों से
झूमती फसलें
गुनगुन करती हवा
कह जाती है

कानों में
उन्मुक्त बनो
मेरी तरह
मन के
अंधेरे कोने में
खोल लो
एक खिड़की
जो दिखाती रहे
संसार का सौंदर्य
जिससे होकर
बाहर की हवा
आ सके
भीतर ।....

जय जवान

नमन उन्हें

जिन्होंने

खून देकर

अपना

आजाद

किया देश को ।

नमन उन्हें

जो मानते थे

जन्मभूमि को

निज स्वार्थों से

बढ़ कर ।

नमन उन्हें

जिन्होंने

सिर दे कर

मान बचाया

स्वदेश का ।

नमन उन्हें

जिन्होंने

देश का धन

नहीं भेजा विदेश

माना देश को

सर्वश्रेष्ठ ।
रहे प्रज्ज्वलित
अमर ज्योति
बनी रहे
उनकी स्मृति
युगो तक ।
करती रहे हमें
उत्प्रेरित
देश के लिये
सर्वस्व
बलिदान
कर देने की ।
शत शत नमन
जय जवान
जय मातृभूमि ।

दीपावली

है दीवाली

ज्योति का पर्व

उज्ज्वलता का

प्रकाश का

सतत

विकास का

उत्सव ।

सन्देश

आरोग्य का

लाती धन त्रयोदशी

चतुर्दशी का प्रदीप

दिलाता है मुक्ति

यम यातना से ।

अमावस की रात

दीपों का त्यौहार

खुशियों की

सौगात

लक्ष्मी का पूजन

गणपति का

आराधन ।

पटाखों का शोर

चरखी
फुलझड़ियाँ
प्रकाश बरसाती
लड़ियाँ
परिवा की तिथि
गोवर्धन पूजा
गौमाता का सम्मान
समृद्धि का मंत्र
और फिर
यम द्वितीया
भाई बहन के
पावन प्रेम का पर्व
भाई की
कल्याण कामना करती
पकवान बनातीं
बहनें
सौगात देते भाई
होती है यों
दीपावली
पर्वों की
सुन्दर विदाई ।
पधारो माता लक्ष्मी
विघ्नेश्वर गणेश
मिटे सब के कलेश ॥

स्वच्छता अभियान

बापू के
स्वप्नों का
स्वच्छ
और
सुन्दर भारत
मोदी जी की चाह
स्वच्छता की
परवाह ।
नेता
स्वच्छता कार्य में
प्रतिभाग करें
जनता स्वयं आयेगी
पीछे पीछे
वैसे ही
जैसे बच्चे
अनुकरण करते हैं
बड़ों का ।
देश सुधरे
देश सँवरे
नेक अभियान
इसमें

कैसा संकोच

कैसी थकान

स्वच्छता

का अभियान

बनायेगा

हमारे देश को

प्रदूषण मुक्त

स्वच्छ

सुन्दर

भारत महान

होगा जिसका

सर्वत्र गुणगान ॥

इंतज़ार

द्वार पर
खड़ी हो
पलक पांवड़े
बिछाये
कर रही हूँ
तुम्हारा इंतज़ार
अनवरत ।
जीवित है
मेरा विश्वास
साँस ले रही है
उम्मीद
धड़क रहा है
मेरा दिल
जानती हूँ
आओगे तुम
एक दिन
ज़रूर
भले ही
मेरी मृत्यु से पूर्व ....

रजाई

गर्मी गयी
आ गयी ठंढ
बनने लगीं
रजाइयां
बढ़ गईं
जरूरतें ।
रोज़
दफ्तर से लौटता
किशना है
सोचता
इस बार तो
ले ही जाऊँगा
एक रजाई
बच्चों के लिये
ठंढ में सिकुड़े
एक दूसरे से
चिपके
सो नहीं पाते
बेचारे
लेकिन क्या करे
हर बार

बढ़ जाती है
सुरसा की तरह
पापिन मंहगाई
हर बार
कम पड़ जाती है
तनख्वाह ।
बस
रह जाता है देखता
दुकान में रखी
रंग बिरंगी
रजाइयों को
ललचाई आंखों से ।

तुम नहीं हो

फिर वही
सुबह का समा
वही नज़ारा
वही
बहती हुई
शीतल हवा
पत्तों को उड़ातीं
खुशबू से
भर देती
नासापुटों को
और वही बेंच
जिस पर
बैठ कर
किया करते थे
हम घण्टो बातें
घर के सारे
मसले
यहीं हल होते
भविष्य के
सपने
अतीत की यादें

यहीं
साझा किये जाते
सब कुछ है
वैसा ही
मधुर और
दर्शनीय
किन्तु
कितना अलग
मात्र इसलिये
कि यहाँ
अब
तुम नहीं हो ।

यही वर दो

मिलन यामिनी की
मादक बेला में
उठाते हुए
नववधू का
घूँघट
पति ने कहा -
प्रिये !
तुम्हे पाकर
मैं
बहुत प्रसन्न हूँ ।
कुछ भी
माँग लो
तुम्हारे लिये
आज
कुछ भी नहीं है
अदेय ।
पत्नी ने हाथ
जोड़ कर कहा -
मेरे देव !
यदि देना है तो
यही वर दो

छोटा सा
सुखों से भरा
घर दो ।
वादा करो
कि
अभी नहीं
कम से कम
दो वर्ष बाद
मेरी
इस माँग को
तुम रखना याद
एक या दो
बच्चों की
मीठी किलकारी से
कर देना
घर आँगन
आबाद ।
नहीं चाहिये मुझे
बच्चों की कतार
तभी पा सकोगे
तुम मेरा
पूर्ण समर्पण
मेरा प्यार ।

आज़ादी

छिपे है
कितने अर्थ
इस एक शब्द
'आजादी' में ।
आजादी
विदेशी शक्तियों से,
आक्रांताओं से ।
उसे मिले तो
बीत चुके
कई दशक
अपना
स्वतंत्र देश
अपनी सरकार
किसे नहीं है
दरकार ?
परन्तु गरीबी
मंहगाई
भ्रष्टाचार
रिश्वत खोरी
धोखा
ठगी

इनसे नहीं मिली
आज तक
आजादी ।
कब आयेगा
वह दिन
जब हम होंगे
सचमुच स्वतंत्र
अपनी बुराइयों
कमियों और
दोषों से ?
बिना उस के
नही कर सकेंगें
हम आजाद
पूर्ण स्वतंत्र
सुखी राष्ट्र का
निर्माण ....

भेद

मन की बातें
मन मे रहें
यही है उचित ।
बाहर आकर
बन जायेंगे
विभीषण
घर के भेदी ।
आँसू
अच्छे लगते हैं
आँखों के घर में ।
मत निकलने दो
उन्हें बाहर
कह देंगे
हर किसी से
मन के भेद ।

चार दिन

चार दिन
मिले थे
रब से
तीन
बीत चुके
जीवन के
झंझटों में
जिम्मेदारियां
उठाईं
सुख दुख झेले
कितने झमेले
अब
आखिरी वक्त
मन करें सख्त
छोड़ दें दामन
कामना का
केवल
भावनाएँ
देती रहें साथ
मन मे रहें

जगन्नाथ ।

आरक्षण

कब छोड़ेगा हमें
यह
आरक्षण का भूत
कब सीखेंगे हम
बिना
आरक्षण की
लाठी के सहारे
चलना ?
आरक्षण की
यह लाठी
बना रही है
हमें आलसी
कायर
और अकर्मण्य
कुंठित कर रही है
हमारी बुद्धि ।
नहीं चाहिये हमे
ऐसा आरक्षण
जो बना दे
हमें अपाहिज
इतना अधिक

कि चल ही न सकें
बिना किसी
सहारे के ।
करना चाहते हो
यदि हमारा
कल्याण
तो दो हमें
सुविधाएँ ,
आगे बढ़ने के
अवसर
झूठी राजनीति
के लिये
मत करो
हमारा इस्तेमाल
मोहरा बना कर
मत करो
गन्दी राजनीति ।

सर्द मौसम

ठंढी हवाएँ
ठिठुरन बढ़ातीं
स्वेटर
कोट
नहीं सह पाते
ठंढ की चोट ।
लगते प्यारे
कम्बल
रजाई
जलता अलाव
करते बचाव
गरीब का
थोड़े से पुआल
होड़ लेते
गद्दे और
मसनद से
आग का ताप
एकमात्र सहारा ।
उत्तर से आती
शीत लहर
मचा रही

क्रहर ।

गुरुद्वारा

गुरुद्वारा
मुक्त कंठ से
गुरु ने
पुकारा
बिना भेद भाव।
न जाति
न धर्म का दुराव
एक ही धर्म
करिये
सत्कर्म
बुराई से लड़ाई
विजयी हो
सच्चाई ।
रखिये
देश के लिये
मर मिटने का
जज़्बा ।
साथ साथ चले
संगत
और पंगत ।
बहे सदैव

प्रेम की धारा
कहता गुरुद्वारा ।

वन्दे मातरम

एक ही मंत्र

जिसने देश को

सदियों की

दासता से

दिलायी मुक्ति

जो

बसा हुआ है

हर देशभक्त

भारतीय के

रोम रोम में

बहा रहा है

संजीवनी

बना अमृत - धार

मुक्ति का

आधार

करता

प्राणों में संचार

नव स्फूर्ति

नवीन

अनुरक्ति का

देश के प्रति ।

वंदे मातरम ।
नमन देश को
नमन
मां भारती को
नमन जननी
जन्मभूमि को ।
पुकारिये सब
मेरे साथ
करिये उद्घोष
गूँज उठे
दिग दिगन्त
वंदे मातरम
वंदे मातरम ॥

नदी

हिमगिरि के
अंतस्तल से
निकल पड़ी
नन्हीं सी
जल - धारा
बढ़ती रही
प्रतिपल
आगे
लक्ष्य की ओर
अनेक
व्यवधानों को
पार करती
बाधाओं से
जूझती
घायल होती
पर
बढ़ चलती
अगले ही पल
सागर की ओर ।
बिना थके
बिना रुके

रहती प्रवहमान
निरन्तर ।
देती है सन्देश
आगे बढ़ने का
तब तक
न मिल जाये
लक्ष्य
जब तक ।

मृगतृष्णा

तृष्णा
मन की हो
या तन की
धन वैभव की
या जीवन की
सदैव
दुखदायिनी ।
न बुझे तो
रहे सताती
भीषण अतृप्ति
बून्द भर पानी
कभी
न मिटने वाली
कहानी ।
दूर पर दिखती
पानी की धारा
नहीं मिलता
किनारा
पा कर भी
और पाने की
अदम्य लालसा

कहाँ मिलता है
वह मृग जल
जो संतृप्त करे
मन की
मृगतृष्णा को।
मिलती है
अतृप्ति
कभी
न बुझने वाली
सतत प्यास....

काशिद बीच

दूर तक
सुरमयी
पर्वत श्रृंखलाएँ
और सामने
हरहराती
सागर की लहरें
अद्भुत नज़ारा
बीच बीच में
इधर से उधर
आते जाते
सवारियाँ ढूंढ़ते
घोड़ो के साथ
उनके मालिक ।
एक ओर
सवारियाँ तलाशती
घोड़ा गाड़ियाँ
दूसरी ओर
रँग बिरंगे वस्त्रो में
सजे सँवरे ऊँट ।
कहीं वाटर स्कूटर
तो कहीं

सजी हुई
वृहद नौकाएँ
सभी को तलाश है
रोज़ी की ।

बचपन

बचपन
तू फिर
वापस आ जा.
जब तू था
तब ख़्वाब
बहुत थे
हँसने के
अंदाज़
बहुत थे
चिंता फिक्र
नहीं थी कोई
अरमानों से
भरी रसोई
हम राजा थे
अपनी बातें
मनवा लेते
अपनी चाहत
पूरी होती
कब अपनों से
दूरी होती ?
फिर हम सब

बच्चे बन जायें

प्यारे मीठे

ख़्वाब सजायें

खुद रूठें

खुद ही

मन जायें.

अलमस्ती के

दीप जला जा

बचपन

एक बार फिर

आ जा ....

परिवर्तन

91

समय के साथ
परिवर्तित होती
सृष्टि
जैसे हों
कोमल पत्र
लालिमा लिये
मासूम किसलय.
समय के अनुसार
होते पुष्ट
पीपल पात
आकर बहार
सहलाती गात
उंडेले देती
अपना प्यार
हो जाता
तन मन हरा
सुख से भरा .
समय की करवट
बदल देती
तकदीर
पीले पड़ जाते

हरियाये पत्र
फिर
पीताभ भूरे
और अंततः
बदल जाते
गहरे भूरे रंग में
सूखे,
रस हीन
पराश्रित
हवा के साथ
डोलते हुए
इधर उधर
पा जाते निर्वाण
जीवन की
बदलती हुई तस्वीर
चतुर्युगी के समान...

चलें वहाँ

चलें वहाँ
जहाँ
बह रहा हो
त्रिविध समीरण
खुशबू के संग ।
भँवरे कलियों को
चूम कर
कर रहे हों
विकसित ।
मासूम तितलियाँ
तलाश रही हों
आसरा
फूलों की
गोद में ।
जहाँ
नीला आकाश
झुक कर
ले रहा हो चुम्बन
वसुधा के
सरस अधरों का ।
जहाँ

पर्वत के
पीछे से
शाम उतरती हो
और उस की
सहज श्यामता
जैसे मेरे
दिल के करीब से
हो कर
गुजरती हो ।
हर पगडंडी
जो जाती हो
उम्र के
पड़ाव तक
ठहरती हो यहीं ।

आँधी

शांत सागर
मन्द
हिलोरें लेती लहरें
लहरों पर
मचलता
मन्द गति से
डोलता
धीरे धीरे बहता
खूबसूरत बजड़ा
बड़े मन से
सजाया है इसे
इसके मालिक ने ।
कितनी कामनाएँ
कितने स्वप्न
कितनी उम्मीदें
समेटे हुए
बहता जा रहा है
प्रसन्न मन
आनन्दित हैं
यात्रीगण
पर यह क्या ?

अचानक ही
हवाएं
तेज हुईं
आँधी
चलने लगी
और कुछ ही देर में
बदल गयी
भयंकर तूफान में ।
सब कुछ
पल भर में ही
टूट कर
बिखर गया
नष्ट हो गया ।
कुछ ही क्षणों में
क्या से क्या हो गया
न बजड़ा रहा
न उम्मीदों से भरा
आशियां
एक टूटे हुए
काष्ठ खण्ड पर पड़ा
देखता रह गया
बजड़े का मालिक
अपने
बिखरते हुए
संसार को

यही तो है
जीवन का सत्य ।
सजाते रहते हैं
हम सपने
और क्रूर
काल की आँधी
एक ही क्षण में
सब कुछ
नष्ट कर देती है
रह जाते हैं हम
खाली हाथ
यूँ ही ।

दो बहनें

रहतीं
दो बहनें
सुबुद्धि और कुबुद्धि
मानव के घर ।
दोनों ही विपरीत
एक दूसरी से
सुबुद्धि
शांत
सहज
प्रसन्नचित्त
सुखदायिनी
कुबुद्धि
अशांत
असहज
कलहकारिणी
कष्ट प्रसूता ।
किसका
सम्मान करें मानव ?
सम्मान करें
सुबुद्धि का
तो सुखी हों

कुबुद्धि को मान दे
तो वह
बुहार कर
फेंक दे
घर की
सारी समृद्धि
बना दे दरिद्र
दिलाये अपमान ।
चाहिये
सद् विवेक ।
यदि चाहते हो
सुख शांति
सदैव साथ दो
प्रिय सुबुद्धि का ।

मातृदिवस

जिस ने
जन्म दिया
रक्त पिला कर
जीवन दिया
और दिया
जीवन जीने का
दृष्टिकोण
उसके नाम पर
मात्र एक दिन ?
नहीं माँ !
जीवन का
प्रत्येक क्षण
ऋणी है तुम्हारा
समर्पित है
तुम्हारे लिये
सम्पूर्ण जीवन ।

याद तुम्हारी

याद तुम्हारी
बसी हुई
अंतस्तल में
सदा कचोटती
दिखाती रहती
नेत्रों के सम्मुख
अतीत की
झलकियाँ
साकार हो जाते
बीते हुए
सारे पल छिन ।
करूँ फ़रियाद
आती रहे
अनवरत
तुम्हारी याद
देते रहे
जीवन सम्बल
मधुभीने
गुजरे पल ।

प्यास

तृषित मयूर
भूला नर्तन
सूखा मधुवन ।
न रही
हरियाली
न मेघों के
आगमन की
आस
बच रही है
केवल प्यास ।
फिर भी
बैठ
सूखी डाल पर
कर रहा पुकार -
निर्मम बादल !
आ भी जा
इस बार
लेकर
जल - धार ।

क्या कहूँ

नन्ही बच्ची
आँखों से
बहते आँसू
चेहरे पर
दर्द की लकीरें
बिलख रही है
सोच रही है
किस से
क्या कहूँ ?
पाया
अनचाहा जन्म
उपेक्षित जीवन
और अब
इस
नन्ही सी उम्र में
लूट ली गयी
अस्मिता
एक अपने ने ही
कर दिया
दामन
तार तार ।

मन पर
डाल दीं खरोंचे
कई हजार ।
कर दिया घायल
तन और मन
घायल हो गयी
फरिश्ते सी
आत्मा
सोच रही है
बिलखती बच्ची
किस से कहूँ
अपनी पीड़ा
और
क्या कहूँ ?

अवतरण

शून्य के गर्भ से
फूट पड़ा
प्रकाश स्रोत
अजस्र धारा
प्रकाश कणों की
बह चली
मृत्युलोक की ओर
और
वे उज्ज्वल
जाज्वल्यमान
किरणें
भुला बैठीं
अपने पतन को
चारो ओर से घेरती
प्रभूत
अंधकार राशि
फैलाने लगी
अपना मोहजाल
और बह चला
जीवन
उन स्वार्थ

मोह
लोभ की लहरों में
मोहित होकर
छद्म सुख की
माया पर
नाचने लगीं
किरणें
प्रसन्न हो
आत्म मुग्ध हो
भूल गयीं
अपना लक्ष्य
प्राप्तव्य
चिर सुख
आत्मानन्द
सब कुछ ॥

मन प्राण तू हमारा

वे सांसे
मेरे किस काम की
जिस में
तेरी खुशबू न हो
उन प्राणों का
क्या करूं मैं
जिनमें
तेरे एहसास का
जादू न हो ।
उस दिल का
क्या करूं
जो तेरा नाम सुन कर
न धड़के ।
क्या करूं
उस तन का
जिसमें
तेरे प्यार का
शोला न भड़के ।
मन प्राण तू हमारा
तू मेरी जिंदगी है,
भगवान तू हमारा

तू ही तो बंदगी है ॥

आ जाओ

भीगे मौसम ने
फिर ली है अंगड़ाई
चांदनी रात है
और तन्हाई
कहीं बादल
कहीं गगन नीला
कोई एहसास है
गीला गीला
तुम न आओगे
जानते हैं हम
पर तुम्हें
अपना मानते हैं हम ।
तुमने
झूठा ही सही
प्यार तो किया होगा
कभी
कहीं किसी को
दिल भी तो
दिया होगा
कसम उसी की
चलो खा के

आज बतला दो
प्यार का
रूप है कैसा
हमें भी दिखला दो ।
हम भी तो
दोस्त हैं तुम्हारे
कोई गैर नहीं
इस मोहब्बत से किया
हमने भी तो
बैर नहीं ।
खैर छोड़ो
चलो अब
कोई नयी बात करें
यादों को
प्यार से सहला दें
या आघात करें ।
चाह कर भी यहां
हम कुछ नहीं
कह पाते हैं
जाने क्या सोचते हैं
चुप ही तो
रह जाते हैं ।
जिस तरह
रात यह अधूरी है
जिंदगी भी

रह गई अधूरी है ।
आज पुस्तक भी
खुली रात की है
दिल में अरमान है
जज्बात भी हैं ।
दूर हो
जिंदगी से तुम मेरी
हैं हम अकेले
और तेरे साथ भी हैं ।
तुम नहीं पास हो
अरमान
बहक जाते हैं
ख्वाब बन
आग के मेहमान
दहक जाते हैं ।
साथ आंसू है मगर
आग ये
बुझती ही नहीं
याद बस आयी
चली जाती है
रुकती ही नहीं ।
तुम ही बोलो
कि भुला दूं तुम्हें
कैसे साथी ?
प्राण हो तन के

मेरे घर के
तुम दिया बाती ।
तुम्हारे बिन पिया
अब तो
जिया नहीं जाता
दिल का यह घाव तो
हमसे
सिया नहीं जाता ।
थरथराती हुई लौ ने
दिखा अंजाम दिया
कंपकंपाते हुए
अधरों ने है
पैगाम दिया ।
बन के विरहन
मैं भटकती फिरूं
वीरानों में
जैसे चिगारियां
उड़ती हैं श्मशानों में
इतने निष्ठुर न बनो
मेरे सनम !
आ जाओ ।
तुमको है आज
तुम्हारी ही कसम
आ जाओ ।
तुम को हर सांस

बुलाती है
सनम !
आ जाओ ।
अनबुझी प्यास
बुलाती है
सनम ! आ जाओ ।
मेरा उच्छ्वास
बुलाता है
सनम ! आ जाओ ।
टूटा मेरा
हर एक श्वास
बुलाता है
सनम ! आ जाओ ॥

नयी राह

एक युवा
बेच रहा
सड़कों पर
घूम घूम कर
अपनी डिग्रियाँ
पूछा एक ग्राहक ने -
ऐसा भी
क्या हुआ बंधु ?
जीवन की
यह अमूल्य प्राप्ति
क्यों बेच रहे हो
सिक्कों में ?
और यह भी क्या
बिक पाएंगी ?
युवक हँसा
होकर निराश
फिर बोला -
"यह भी
कहां बिकती हैं ?
सब कुछ
न्योछावर कर

प्राप्त किया था इनको

किंतु नहीं मिलती

नौकरी

अब करूँगा

व्यापार

कोई छोटा-मोटा

रोजगार

इसी से

इन कागज के

व्यर्थ टुकड़ों को

गली-गली

बेचता हूँ

आप ही

ले लीजिए न

सिर्फ सौ सौ रुपयों में

इतने से ही मैं

कुछ

खरीदने बेचने का

धंधा

शुरू कर लूगा ।

एक था दुष्यंत

एक थी शकुंतला
एक था दुष्यंत
दोनों में
बड़ा प्यार था
किंतु
उन्हें ज्ञात न था
अपना भविष्य
अपना अंत .
एक दिन
पूछा शकुंतला ने
अपने दुष्यंत से
मानो
हरियाली ने
पूछा हो वसंत से
कब हम एक होंगे ?
कब होगा
हमारा विवाह ?
सुनते ही
ठठा कर
हँस पड़ा वह
बोला -

प्रिय शकुंतले !
प्रेम भरे मानस की
अपनी
अलग भाषा है
विवाह और प्रेम
दो अलग-अलग
वस्तुएं हैं
इनकी
अलग-अलग
परिभाषा है ।
प्रेम
मात्र मन के उद्गारों
अतृप्त इच्छाओं
व दुर्दम
वासनाओं का
संकलन है
और विवाह
समाज के साथ
जीवन का
बड़ा ही मोहक
संतुलन है ।
नहीं प्रिये !
तुम तो बस
प्रेयसी ही रहो
मेरे घर की

रानी बन कर
वैभव के कष्टों को
तुम भला
क्यों सहो ?

पथिक

उत्कर्षों का राही
कब पूछता है
ठौर ?
वे तो होते हैं
कोई और
जो ढूंढते हैं
राहें
रुकने के
ठिकाने
और साथ ही
संबल स्वरूप
किसी की
बाहें ।
पथिक है वही
जिसे बस
बढ़ने की हो
चाह
जिधर उठें
पाँव
उधर ही

फूट पड़े राह ।

मेरे मन

यह जीवन
संघर्षों का सागर
असफलताओं की
समष्टि
भटकाओं का
संपुट है
पग पग पर
घेरे हैं
प्रेम के
मधुर बंधन
मनुहारों के
अनुरंजन
सगे स्वजन
कैसे मुंह फेरे हैं ।
आंखों में व्यंग बाण
वाणी में
उपहास का पुट है ।
प्रत्येक मोड़
भटकाने वाला है
हर साथ
लुभाने वाला है

बड़ी दूर मंजिल है
राह कंटक पूर्ण
चरण लोहित
नयन बोझिल हैं
फिर भी
धीरज
मत खोना
दुख में मत रोना
अपने ही
दृग-जल से
आघातों की
असह्य वेदना को
हास में
बहाते रहना
मेरे मन !
हर आपदा में
मुस्कुराते रहना ।

श्रद्धांजलि

हिंद के अंबुधि की
उठती गिरती
तरंगों ने
ज्वार भाटा का
आश्रय लेकर
स्थल पर फेंकीं
कई कई मणियाँ
कई कई रत्न
विकल
अशांत विश्व ने
उन्हें सहेजने के लिए
किए बड़े यत्न ।
ऐसी ही एक मणि
एक अद्भुत रत्न
बंग भूमि पर आ गिरा
रविंद्र बना
बीज सदृश उपजा
पुष्प बन खिला
बना विभु मना ।
शारदा मां की
गोद में खिला

सरस्वती का
वरद पुत्र
भारत के
अंचल का श्रृंगार
देश गान का रचयिता
अपनी धरती का
जीवंत सुधार
माता की सेवा की
कई रूप धार
मातृभाषा का
सेवक
मातृभूमि का
उपासक
जीवन की
जीवंतता का
सच्चा साधक
आया था मूक बना
वैसे ही
चला गया
चुप चाप
शांत मना
उसको हम क्या दें ?
पूजा के चंद फूल
या मुट्ठी भर धूल ?
उसकी आराधना के

अनुकूल
उसके सम्मान हेतु
श्रद्धांजलि
यथेष्ट है
युक्तिसंगत हैं
साहित्य साधना के दीप
कविवर के
पथ का
अनुकरण
और गीतों के
चन्द फूल ।

साथी की पाती

चुपके से
मलय-गन्ध
है क्यों बह जाती ?
धीरे से आकर यह
कानों में सुधासनी
मीठी सी बात कोई
क्यों न कह जाती ?
झुकी झुकी पलकों का
रेशम सा पर्दा
सपनों की वादी पर
पहरा ज्यों यादों का
अधरों की पंखुड़ियों को
छूकर
छेड़ गई
कैसी यह हवा बही
तन मन सिहराती ?
खिड़की पर खड़ी रहें
मन की क्वारी साधे,
सूने पथ पर बिखरे
बीते सपने, वादे,
ठहरी हैं

खुली हुई आंखों में
इंतजार की घड़ियां
साथी की पाती पर
कभी नहीं आती ।

www.ingramcontent.com/pod-product-compliance
Lightning Source LLC
LaVergne TN
LVHW050413160726
843469LV00041B/1062